EPITRE
CHAGRINE,

DU

CHEVALIER POMPON

A LA BALIOLE,

CONTRE LE BON GOUT.

OU

Apologie de Sémiramis

Tragédie de M. de Voltaire.

M. DCC. XLVIII.

AVIS.

ON a mis des Remarques, par Renvoi, à la fin de cette Epître, pour ne rien laisser à deviner au Lecteur. L'Auteur de la prémiere *Lettre critique sur la Tragédie de Sémiramis*, doit seul s'attribuer le mérite de cette attention.

EPITRE CHAGRINE,

DU CHEVALIER POMPON A LA BABIOLE,

CONTRE LE BON GOUT.

OU

Apologie de Sémiramis

Tragédie de M. de Voltaire.

VOus fçavez, chere Babiole,
Que je vous fuis, fans vanité,
D'une affez grande utilité:
C'eft par moi, que votre nom vole,
Et qu'il eft à Paris fi fort acrédité.
Je fais l'honneur de votre Empire.

J'en fuis l'unique Factoton.
Tout le monde en moi vous admire.
A cent Bijoux, qu'honore votre nom,
Je donne à propos mon fufrage.
J'en fixe la valeur, & j'en montre l'ufage :
Je m'en décore le prémier :
Et chargé noblement de toutes ces merveilles,
Je cours, faire admirer vos graces fans pareilles,
Chez la Chanteufe, & chez le fous-Fermier.
Je fuis l'ame de la Toilete
De la plus fameufe Coquete :
Je fçais donner un air mignon
A la taille épaiffe & mal faite.
Je frife avec grace un Chignon ;
Et j'inventai le Poftillon,
Que je n'étois encor qu'à la Bavete.
Bien mieux qu'une adroite fillete

Je sçais broder un cotillon,
Et travailler même en tapisseries.
Le soin de vos plus beaux succès,
Tous les jours me mene au Palais,
Au Luxembourg, aux Thuilleries:
Et là j'étale, aux yeux du Badaut en-
chanté,
Ces nouvelles façons, ces riches bro-
deries,
Dont par vous le Plan fut dicté.
Sans esprit, sans talens, sans bien, &
sans noblesse,
J'ai, par votre secours, folichonne
Déesse,
Le don de briller dans Paris,
Comme le plus riche Marquis.
A très bon marché je m'habille,
Et moyennant quelqu'aune de chenille
Je fais, d'un vieux Droguet, que je tour-
ne à l'envers,
Du velours ciselé pour porter les Hy-
vers,

De vos aimables Loix enfin je suis l'arbitre,
J'ai fait un gros Livre sur vous :
Et ce Livre utile a pour titre,
Dictionnaire, ou bien Regître,
Et des Modes, & des Bijoux.
Ah ! si de votre gloire ainsi je suis jaloux,
Ne souffrez pas que l'on m'outrage,
Et punissez l'audacieux,
Qui, contre moi, fait éclater sa rage.
C'est ce vieillard sévére, ambitieux,
Qui dans le monde vous décrie,
Et qui toujours me contrarie :
C'est ce superbe, & pointilleux Grison,
Qui prétend être fils unique,
Du bon sens, & de la Raison,
Et qui malgré son air antique,
Veut, qu'on l'appelle le Bon goût,
Et qu'on suive ses Loix par tout.
Contre cet ennemi prenez donc ma défense :

Et faites lui voir, en ce jour,
Jusqu'où va pour moi votre amour.
Il vous est fort aisé, je pense,
De le mâter à votre tour.
Vous avez à Paris une vaste puissance.
Vous régnez constamment dans ce charmant séjour :
Et lui n'y tient que rarement sa Cour.
Pour peu de gens il a des charmes.
On lui trouve mille défauts.
Plus volontiers à vous l'on rend les armes,
Et dans les cercles les plus beaux,
Vous êtes, peu s'en faut, du goût de tout le monde.
L'Abbé, qui si bien me seconde,
Le Robin fade, & tant de plats Auteurs
Sont toujours de vos droits les braves défenseurs.
Au Théâtre François vous êtes Souveraine.

Eh ! que de gens y dormiroïent,
Que de mécontens s'en iroient,
Si vous n'y faisiez pas l'ornement de la Scène !
Sans vous, & vos puiſſans amis,
Eût-on jamais deux fois joué Sémiramis ?
Tous les Voltairiens auront peine à le croire.
A vous ſeule elle doit ſa fortune, & ſa gloire.
Des vers enflés dont nous faiſons grand cas,
Que quelques cervelles bleſſées
Prennent ſouvent pour du galimathias,
De jolis mots, qui valent des penſées,
Des ſituations uſées,
Des Dialogues captieux,
Des Actions ſurnaturelles,
Des Eſprits ſuperſtitieux,
Des Caracteres odieux,
Des imprécations nouvelles,

Des Décorations, qui firent un grand bruit,
Même avant d'exister, une effrayante nuit,
De brillants éclairs, du tonnerre,
Des cris, que l'Auteur seul croit entendre sous terre,
De frivoles remords, le fantôme emprunté
Du comique Festin de Pierre,
Dont on a, pour la nouveauté,
Affublé la royale Nuque,
D'une noire & longue Péruque,
D'Atis les songes affreux,
Un superbe tombeau dont on parle sans cesse,
Meurtre, amour incestueux,
Voilà tout ce qui fait le succès de la Piéce.
Ah! chere Babiole, adorable Déesse,
Vous mettez en ce jour le bon Goût aux abois,

Chez des gens où lui seul devroit donner des Loix.
Peut-on placer dans du tragique,
Du merveilleux auſſi comique,
Et tant de traits auſſi plaiſans
Dénués de Dialectique ?
C'eſt vraiment là du Dramatique
Bien fait pour plaire à tous vos partiſans.
L'Auteur de cette Tragédie,
Digne de vous à tous égards,
Vient donc enfin par cette rapſodie,
Se ranger ſous vos étendards.
Le Bon goût à préſent ne lui ſert plus de Guide.
A notre exemple il le trouve inſipide.
Quelle gloire pour vous de mériter la voix
Du Poëte de tant de Rois !
Il va vous attirer mille nouveaux ſuffrages,
Grands & petits ſe modelent ſur lui.

Malgré ses cyniques Ouvrages,
A la Ville, à la Cour on l'adore aujourd'hui.
De clinquants, de Pompons couronnons donc sa Tête.
Ma foi vive Voltaire, & tout ce qu'il aprête.
De la Reine Sémiramis,
Mignot, n'eût jamais fait un plus parfait salmis.
Vous avez, pour le moins, un aussi grand Empire
Sur son obscur, & doux Censeur. (1)
A l'exemple de son Auteur
Contre le Bon goût il conspire.
Il veut s'allier avec nous.
Par sa critique analogue à la Piéce,
Peut-on douter de la tendresse,
Que cet Ecrivain a pour vous ?
Avec quelle finesse, en critiquant Voltaire,
Ne mord, & ne pince-t-il pas
Le Violon son adversaire,

Et ses deux cruels Avocats ? (2)
De cet épisode, contraire
Au bon Goût, à la vérité,
J'aime la singularité.
L'autre jour un Lecteur caustique
Trouvant ce trait injurieux,
Indécent, & calomnieux,
Me dit, mais d'un ton ironique,
En parlant de l'Auteur, & du trait satirique,
Monsieur, ce *petit Scaliger*
A fait dans sa belle critique,
Ce qu'on appelle *un pas de Clerc*.
Tant mieux ; lui répondis-je : il lui convient d'en faire,
Jusqu'à ce qu'il soit *Notaire*. (3)
Il en fera donc toujours,
Me répliqua, sans détours,
Ce Prophéte témeraire.
Cela se peut, repris-je avec émotion,
Mais sachez, qu'il vaut mieux, soit dit
sans vous déplaire,

Etre l'Auteur du *Rival Secretaire*,
Que d'être un *vil* Tabellion.
Cette réponſe le fit taire :
Et tout le monde fut de mon opinion.
Vous voyez, chere Babiole,
Qu'on vous rend hommage par tout,
Au préjudice du bon Goût,
Qu'à vos attraits chacun l'immole.
L'Opéra bien ſouvent à vous ſeule a recours.
Il ſeroit déſert tous les jours
Sans la Danſe boufonne, & ſans l'Energumene,
Dont les barbares ſons font enfuir les Amours,
Dont les charivaris font rugir Melpomene.
Mais pour que tous ces grands Exploits
Ne paſſent point ici pour hiperbole :
Et pour nous venger toutefois,

Il faut soumettre, à jamais à vos Loix,
Le bon Goût, & chez moi l'envoyer à l'Ecole.

REMARQUES.

(1.) L'Auteur de la *Lettre critique sur la Tragédie de Sémiramis*, sçavoir celui de la Lettre, qui commence par ces mots. *Monsieur, tout ce qui porte le nom de M. de Voltaire, &c.* ...... & qui finit ainsi avec vérité. *Contre l'ennui d'une si longue Lettre,* &c...

(2.) *Ce Violon,* dit l'Auteur de cette Critique, *plus connu dans les Salles du Palais, que dans l'Orquestre de l'Opera,* &c. Voilà ce qui s'appelle dire une sotise en dépit du bon sens. Ce Violon est depuis douze ans à l'Orquestre de l'Opera: & il y étoit connu même avant que d'y entrer, non-seulement par l'honneur, qu'il avoit eu d'être fort long-tems premier Violon de la Musique du Roi de Pologne, mais encore par plusieurs Ouvrages de Musique de sa composition, qu'il avoit déja donnés au Public: & il n'a jamais été assiduement au Palais, qu'à l'occasion de son procès avec Voltaire, qui y fut terminé, à son avantage, en moins de trois mois.

Ce Critique plus connu dans certain tripot, que dans la République des Lettres, appelle ironiquement le premier défenseur de ce Musicien *petit Ciceron.* Il le compare à un enragé, & lui reproche l'amour propre que son Peintre a eu de faire exposer son

Portrait au Louvre. C'étoit au Peintre même qu'il falloit faire ce reproche. Il n'eût pas été si déplacé : & notre Auteur auroit eu le double avantage d'insulter une personne de plus. Quoiqu'il en soit, on a vû fort souvent, parmi ces Tableaux, des Portraits de gens qui ne valent pas, à beaucoup près, le *petit Ciceron*, dont ce *petit Scaliger* veut parler.

Il ménage encore moins le second défenseur de ce Violon. C'est au Tribunal du sentiment, qu'il le cite, parce qu'il s'est chargé de cette cause contre Voltaire, qui a rendu, à ce que veut insinuer le Critique, des services essentiels à sa garderobe. Pour détruire cette calomnie atroce, & si déplacée, il suffit de joindre à cette Epître le fragment d'une Lettre écrite alors à Voltaire même par ce second défenseur, en réponse à une Lettre, que Voltaire s'étoit donné la peine de lui écrire sous le nom supposé de son Secretaire, & en conséquence de mauvais discours, que ce Poëte avoit tenu dans le monde. On a vû cette Lettre dans ce tems. L'Auteur en a même donné plusieurs copies. Il m'en est tombé une. Il ne me sçaura pas mauvais gré, sans doute, que pour répondre à ce Critique, je la rende publique. Je n'ai pas autre chose à lui dire à cet égard, pour le convaincre d'imposture, & de calomnie.

(3.) Cet Ecrivain a été fort long-tems Clerc de Notaire. Dégoûté de ce métier dans lequel il n'a pas fait fortune, il courut après celui de bel Esprit, & pour son Chef-d'œuvre, il donna au Théatre *le Rival Secretaire*, petite Piéce, qui eut trois ou quatre représentations consécutives, & dont on n'a jamais parlé depuis. Cet Auteur cependant, ose critiquer.

Il peut bien murmurer, mais c'est dans la poussiere.

Qui auroit pû croire, que ce Clerc vétéran, & ce malheureux Auteur eût encore voulu gratifier le Public d'une Critique de Sémiramis de sa façon? Quelle constance! Les mauvais succès ne le rebutent pas. Il ne peut imiter Voltaire dans ses triomphes. Il cherche du moins à l'égaler dans ses chûtes. Aussi en est-il le *très respectueux admirateur*.

On est surpris cependant, qu'il ait osé attaquer dans cette Critique un de nos plus illustres Poëtes, qu'il désigne indécemment par un de ses Ouvrages, qui n'a pas encore paru, & par des marques d'honneur, dont le Roi a jugé à propos de le décorer. Elles font l'éloge de ses talens, & de ses mœurs. De sa part notre infortuné Clerc n'a pas, sans doute, de *riposte* à craindre. Pourroit-il exciter en lui d'autres sentimens, que celui du mépris? Il n'en est pas de même du Violon de l'Opera. Il ne s'en tient pas au seul mépris: & quoiqu'à la façon d'écrire de cet Exclerc, on pût bien le prendre pour un Maître sçavant dans l'Art de l'Escrime, (car il parle dans sa Critique, *faits d'armes, riposté, & passe au colet*, comme un Prévôt de Salle) ce Violon voudroit cependant volontiers s'escrimer avec lui. Mais avant que d'entrer en lice, il faut, qu'il connoisse le fort & le foible de son assaillant, afin d'ajuster mieux que lui. En attendant l'occasion favorable de lui détacher quelques belles bottes de longueur, assez bien soutenuës pour lui casser le fleuret sur le corps, il promet de lui tâter souvent le fer sans rompre la mesure.

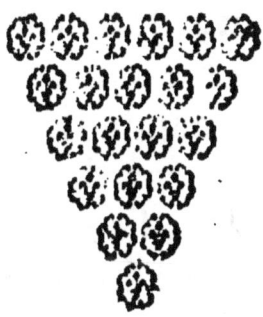

LETTRE
Du second Défenseur de Travenol, à Voltaire.

J'Apprens, Monsieur, que vous débitez dans le monde, que je vous ai de grandes obligations, & que c'est vous qui me faites subsister depuis deux ans. Vous l'avez dit à plusieurs Magistrats. Si cela étoit, je n'en rougirois point. J'en serois même très flatté. Moins vous paroissez disposé à rendre service, plus je me regarderois comme un sujet recommandable, d'avoir pû vous forcer à cet égard.

Il est vrai, Monsieur, qu'il y a plus de deux ans, que j'étois dans la peine ; & l'on ne me fait aucun chagrin de me rappeller ces faits. Peut-être ne l'avois-je pas mérité. Si je l'avois mérité, j'en ai été assez punis, pour que l'on doive me le pardonner. Il est encore vrai, que dans ce tems vous connûtes ma situation. Quelques anciennes liaisons, l'idée que je m'étois faite des dispositions, où devoit être un homme tel que vous, fembloient m'autorifer à ne vous rien diffimuler. Vous partîtes pour la campagne. Vous m'aviez permis de vous écrire. Je profitai de la permiffion. Vous m'honorâtes même de quelques réponfes. J'ai vos lettres. Vous me fîtes beaucoup efpérer. Votre générofité eft charmante fur le papier.

Il s'agiffoit, Monfieur, de fecours, qui puffent me remettre dans mon état. Tout me fut promis pour votre retour. Vous arrivâtes enfin. Je vous vis. Ma fituation continua à vous toucher. Vous conçûtes, qu'il étoit facile de la changer. Je vous trouvai un jour de bonne humeur. Vous m'annonçâtes de l'argent, qui devoit vous rentrer inceffamment. Mon affaire étoit sûre. Vous voulûtes même, que je priffe des arrhes. Ils étoient foibles. Je n'ofai les refufer de peur d'indifpofer mon Libérateur. Il ne faut pas être fier avec les Grands. Leurs plus petites faveurs conduifent néceffairement à de plus importantes. Vous me demandâtes quinze jours. Je revins huit jours après le tems fixé. Il ne me fut plus possible d'arriver jusqu'à vous. Mon signalement étoit donné; mais vous me fites l'honneur de m'écrire. J'ai aussi ces Lettres. Vous ne me parlâtes alors, que misere, & banqueroute. Votre carosse alloit être mis bas. Vous voulûtes cependant me donner ce qui ne vous coutoit rien. Ma garde-robe, sans doute, vous avoit parû mériter votre attention. Vous m'envoyâtes une espece de billet pour Monsieur Thiriot Marchand de drap. J'ose dire, que ce n'étoit pas une lettre de crédit. C'étoit la recommandation la plus indécente, que l'on pût donner à un honnête homme. Je l'ai gardée sans en faire aucun usage. Elle n'y étoit pas propre. Vous parliez à M. Thiriot de mon pere, que j'avois encore, & que vous assuriez être riche. Vous promettiez, qu'il ne tarderoit pas à mourir, *& qu'alors je pourrois payer, quelque pauvre, que je fusse dans le tems.* C'est l'extrait de votre billet, que M. Thiriot n'a jamais vu, mais que j'ai encore, & qui servira, quand vous le voudrez, à faire une partie de l'histoire de nos liaisons. Vous n'avez donc pas payez l'habit : & vous ne vous y engagiez pas. Je ne l'ai pas même demandé à M. Thiriot. De quoi parlez-vous donc à présent, Monsieur ? Mon pere est mort en effet six mois après. Il y a un an, qu'il est mort. Depuis ce billet vous ne m'avez certainement pas vû. Vous n'avez pas même entendu parler de moi. Notre commerce n'est donc pas si récent, que vous le prétendez : & vos secours n'ont pas été si abondans. Si vos livres de dépenses, dont me parle votre Secretaire, sont chargés d'autres choses, je vous prie, Monsieur, de m'en envoyer le relevé, je tâcherai d'y faire honneur dans l'instant : mais je pense que nos comptes seront courts. En attendant je vous envoye mon plaidoyé contre vous. C'est, je crois, l'intérêt bien honnête des services, que vous m'avez rendus. Je ne me suis chargé de cette cause, que parce que vous aviez porté l'effroi au point, que beaucoup de mes Confreres la refusoient, & que j'ai toujours pensé, qu'il falloit, que tous les Citoyens fussent défendus. Ce n'étoit pas à l'Avocat seul, qui osoit se charger de cette cause, que vous en vouliez. Vous aviez la cruauté de perſécuter juſqu'à ſa famille. Je n'ai pû me refuſer à l'embarras, où ce crédit mettoit votre adverſaire. D'ailleurs j'ai cru vous obliger : & vous voyez auſſi, Monſieur, que je l'ai fait. Je ne me ſuis nullement écarté de mon objet. Je ne l'ai pas même rempli dans ſon entier. Quelles reſſources n'auroit-il pas offert à ma mauvaiſe humeur, ſi j'en euſſe eu contre vous ? Si j'avois voulu m'égayer ſur votre Lettre au Pere de la Tour, ſur votre querelle avec le Gazettier Eccléſiaſtique, trop comique pour ceux qui, comme moi, connoiſſent vos véritables ſentimens, ſi j'y avois joint l'avanture ſi publique de votre malheureux Colporteur, je vous aurois mis au déſeſpoir : & l'on m'eut canoniſé. Car voilà, Monſieur, ce que vous doit apprendre cette cauſe : & c'eſt à vous d'en profiter. Vous avez quelques admirateurs, beaucoup d'ennemis, & preſque pas d'amis. Quoiqu'avancés dans notre carriere, nous ſommes encore en état vous, & moi de tirer parti, même de nos fautes. Vous pouvez plus aiſément qu'un autre gagner le Public, qui est abſolument contre vous. Regardez ce diſcours comme celui de la plus pure amitié. Ne le négligez pas, ne faites du mal à perſonne : vous en avez beaucoup fait. Faites même du bien. La Providence vous a mis en état de le pouvoir. Vous devriez être le pere des gens à talens : & vous n'en avez obligé ſérieuſement aucun, quoique vous ayez ſouvent dit le contraire. Apprenez, que la Poëſie n'eſt pas le ſeul talent, qui rende les hommes recommandables, qu'il ne faut mépriſer perſonne : & vous vous êtes accoutumé à n'eſtimer que vous. Vous nous mépriſez ſouverainement, nous autres *vils* gens du Barreau. Vous nous regardez tous comme de miſerables Praticiens. Cette cauſe vous rendra peut-être plus raiſonnable. Pour moi elle m'a ſatisfait beaucoup de m'avoir mis à portée de vous épargner tous les chagrins, qu'un autre auroit pû vous donner, & de vous prouver, que je ſuis véritablement avec les ſentimens les plus ſincere, M. &c.

Ce 9 Janvier 1747.

www.ingramcontent.com/pod-product-compliance
Lightning Source LLC
Chambersburg PA
CBHW060455050426
42451CB00014B/3327